Pioneros de la Ciencia

MARIE

CURIE

y el Radio

Steve Parker

CELESTE EDICIONES

Título original: Marie Curie and radium
© Belitha Press Limited
texto © Steve Parker 1992

Primera edición en castellano:
Copyright © CELESTE EDICIONES, S. A., 1992
Fernando VI, 8, 4.º. 28004 MADRID
Tels.: 410 63 20/58. Fax: 410 63 16

Traducción: Jesús Greus Romero de Tejada

ISBN 84-87553-23-0

Reconocimientos

Créditos fotográficos:
AIP Niels Bohr Lybrary 11 abajo derecha
    Lande Collection, 19 abajo UK Atomic
    Energy Authority
Barnaby's Picture Library 22
Bridgeman Art Library 8 abajo
Mary Evans Picture Library 11 arriba, 15
    abajo izquierda.
L'Illustration/Sygma 16 abajo izquierda, 24
    arriba, 26 abajo
Musee Curie, París, página de título, 8 arriba,
    9 derecha, 17 arriba, 26 arriba
Popperfoto/Marie Curie Collection 2, 5, 9
    izquierda, 6, 10, 12, 13, 16 arriba y en
    medio derecha., 19 arriba, 20, 23, 24 abajo,
    25
Science Photo Library 4 Martin Bond, 11 abajo
    izquierda. J-L Charmet, 15 arriba Martin
    Bond y abajo derecha. Alexander Tsiaras, 17
    abajo J-L Charmet, 27 arriba Los Alamos
    National Laboratory y abajo J-L Charmet

Imágenes del montaje de la cubierta
    proporcionadas por Mary Evans Picture
    Library y Ann Ronan Picture Library

Ilustraciones: Tony Smith 6-7, 14, 22-23
Rodney Shackell 13, 18, 21, 25
Editor: Kate Scarborough
Diseñador: Andrew Oliver
Investigador de fotos: Vanessa Kelly

Printer in Hong Kong by Imago
Impreso en Hong Kong por Imago

*La estatua de Marie Curie
está situada en Varsovia, la
ciudad de su infancia.*

Indice

Introducción

Se ha llamado al siglo XX la Era Atómica. En sus inicios, los científicos intentaban descubrir si los **átomos,** a los que consideraban como las partículas más pequeñas de una sustancia, estaban compuestos de partículas aún menores. En 1919 consiguieron dividir el átomo. Este conocimiento ha dado lugar a la terrible bomba atómica. También ha llevado a la energía atómica o **nuclear,** con sus beneficios e inconvenientes.

Marie Curie fue una de las primeras personas que investigó la radiactividad. Descubrió el elemento químico llamado radio, el cual emite naturalmente radiactividad al fraccionarse sus átomos. Llevó a cabo sus investigaciones en una época en que aún no se entendía bien la naturaleza de la radiactividad. También tuvo que luchar contra quienes creían equivocadamente que una mujer no podía ser un auténtico científico.

Por fin, Marie Curie se hizo mundialmente famosa y obtuvo dos premios **Nobel.** Consiguió mucho dinero para la investigación y fundó organizaciones científicas. Gracias a su obra, y a la de sus colegas, tenemos hoy un conocimiento muy superior acerca de los átomos y la radiactividad.

La investigación de Marie Curie ayudó a los científicos a conseguir dividir el átomo para producir energía nuclear. Hoy, las centrales nucleares, como la que figura abajo, generan enormes cantidades de electricidad.

Capítulo Uno
Los primeros años

Maria Sklodowska nació en este lugar, la calle Freta n.° 16, en Varsovia. El edificio ha sido convertido en museo, en memoria de su vida y obra.

El 7 de noviembre de 1867 nació una niña en la calle Freta de Varsovia, Polonia. Se le puso el nombre de Maria Salomee Sklodowska, aunque su familia la llamaba Manya (su nombre se escribe a veces Marya Sklodovska). Sus padres eran profesores en Varsovia. Tenían ya cuatro hijos, las niñas Sofia, Bronislawa (Bronia) y Helena, y el niño Jozef.

En aquella época, Polonia estaba dominada por su vecina Rusia. La mejor educación y los mejores empleos estaban reservados a los rusos. La mayoría de los polacos eran pobres, y su vida difícil. No obstante, siendo sus padres profesores, Maria y sus hermanos tenían una posición económica mejor que la mayoría.

Los hermanos Sklodowska. Maria era la menor de la familia. Su hermana mayor, Sofia, aparece a la izquierda, y su hermano Jozef está sentado en la mesa.

Vida familiar en Varsovia

Los niños tuvieron una buena educación. Se les formó estrictamente, instándoles a trabajar con ahínco, a respetar a sus mayores y a ser religiosos. Tenían unos padres atentos, aunque observaron que de pronto su madre dejó de besarles e incluso de abrazarles. Había cogido la enfermedad, entonces incurable, de la **tuberculosis,** y no quería transmitir los gérmenes a sus hijos. En 1876, la hermana mayor de Marie, Sofia, murió de tifus. Dos años después murió su madre.

En 1883, Maria terminó su educación escolar. Había demostrado ser trabajadora, inteligente, capaz de concentrarse y dotada de muy buena memoria. Se ganó una medalla de oro en la escuela, el Liceo Ruso. Pero enfermó, según lo llamó ella misma, "de fatiga del crecimiento y del estudio", y pasó un año recuperándose en el campo con unos parientes.

Al regresar a Varsovia, Maria y su hermana Bronia empezaron a asistir a las reuniones secretas de la "**Universidad Flotante**". Sus miembros leían obras científicas y otros libros prohibidos por los rusos, porque éstos consideraban que podían inducir a ideas rebeldes. En 1885, para contribuir a la economía familiar, Maria se hizo **institutriz.**

Maria (a la izquierda), su padre y las dos hermanas que sobrevivieron. (Sofia murió en 1876.) Esta fotografía fue tomada justo antes de que Bronia, a la derecha de su padre, se fuera a estudiar a París.

Cuando Maria viajó de Varsovia a París, se llevó cuanto pudiera necesitar, incluyendo una estufa e incluso partes de su cama.

De alumna a profesora

Trabajó para varias familias, enseñando y cuidando a los niños. En su tiempo libre aprendía por sí sola matemáticas y física. Enviaba parte de su sueldo a su hermana Bronia, que se había ido a París a estudiar medicina. (Más tarde, Bronia ayudaría a Maria enviándole dinero para sus estudios.)

En 1890, su padre obtuvo un empleo mejor, y disminuyeron las preocupaciones económicas de la familia. Maria vivió con él un tiempo, a la vez que enseñaba ciencias. Empezó a considerar el marcharse a la Universidad de París, al igual que su hermana, ya que la Universidad de Varsovia no admitía a mujeres. Así, pues, en 1891 Maria Sklodowska partió hacia París en un tren de tercera clase, para matricularse en matemáticas y física.

Grandes pensadores de la época

Maria leyó las obras de muchos científicos y de otros pensadores famosos, aunque los rusos intentaban prohibirlos en Polonia.

● El naturalista inglés Charles Darwin había escrito acerca de la **evolución** y de la lucha por la supervivencia en su libro *Sobre el origen de las especies* (1859). Su obra indujo a muchos científicos a dudar de la existencia de Dios, lo cual afectó mucho a Maria.

● El pensador francés Auguste Comte escribió sobre la *Filosofía Positiva* en los años 1830-40. Maria y sus amigos de la Universidad Flotante se llamaban a sí mismos "**positivistas**" y seguían sus ideas, ya que coincidían con sus esperanzas de desembarazarse de los rusos y liberar nuevamente Polonia.

● Maria aprendió también que los científicos debían pensar con claridad y con lógica, y cómo debían realizar sus experimentos y comprobar sus ideas y teorías.

Capítulo Dos
París

Al principio, en París, Maria vivió en casa de su hermana Bronia y su marido médico. Pero pronto se trasladó a la zona estudiantil, donde vivía en un minúsculo ático escasamente iluminado y con una única estufa de carbón. Tenía muy poco dinero, comía pobremente, se pagaba las clases y trabajaba muchas horas en la biblioteca. No obstante, encontraba su trabajo tan satisfactorio, que merecían la pena las dificultades.

Maria estudió en la Sorbona (la Universidad de París) con algunos de los más famosos matemáticos y físicos de la época, incluyendo a Paul Appel y Gabriel Lippmann. En 1893 se graduó en Física. Obtuvo las calificaciones más altas de su clase y empezó a trabajar en el **laboratorio** de Lippmann. Al año siguiente se graduó en matemáticas, con la segunda calificación más alta de la clase. Entonces planeó dedicarse a la investigación científica pura, por vocación y por la satisfacción de profundizar en el conocimiento, más que por el dinero que pudiera hacer con ello.

Maria trabajó duramente en la universidad. Su francés no era bueno, y sólo tenía un pequeño círculo de amigos. Rara vez participaba en la vida parisina elegante que muestra el cuadro de abajo, de Edmond Georges Grandjean.

Pierre Curie

Pierre Curie nació en 1859 en París y fue educado por su padre, que era físico. Siendo escolar de 14 años estaba ya muy interesado por las matemáticas. En 1878 se convirtió en asistente de laboratorio de la Universidad de París. Estudió, junto a su hermano Jacques, sobre el calor, los cristales, el magnetismo y la electricidad. Cuatro años después se convirtió en supervisor en la *Ecole de Physique*.

Los Curie se preparan, en el jardín de su casa en el Bulevar Kellerman, para dar un paseo en bicicleta. El ciclismo era una de sus muchas aficiones compartidas.

Investigación y matrimonio

A los 27 años, Maria conoció a Pierre Curie en casa de un físico polaco. Tenía 35 años y trabajaba en un laboratorio de física. Tenían mucho en común, incluyendo el amor por la naturaleza y por el campo, escasa necesidad de riqueza y de las comodidades de la vida, y una gran pasión por la investigación física.

Pierre escribía a Maria cartas de amor y experimentos físicos. Al año siguiente, el 26 de julio de 1895, se casaron en Sceaux, el pueblo natal de Pierre, cerca de París. Maria Sklodowska se convirtió en Marie Curie. Su luna de miel fue el primero de otros muchos viajes en bicicleta que harían juntos por Francia, disfrutando del aire fresco y de la campiña, y recuperándose de las largas horas en laboratorios y bibliotecas.

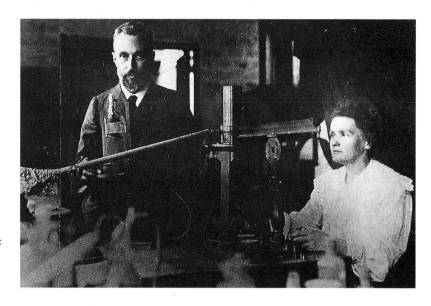

Pierre y Marie fotografiados en su laboratorio, en 1898, más o menos en la época en que ella depuraba el mineral de uranio en busca de la misteriosa sustancia radiactiva.

Los Curie en su trabajo

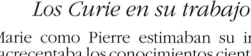

El 12 de septiembre de 1897 nació Irène Curie. Pocos meses después, Marie publicó su primer trabajo científico (su informe sobre las propiedades magnéticas del acero).

Tanto Marie como Pierre estimaban su investigación porque acrecentaba los conocimientos científicos. Pierre se había abierto camino ayudando en laboratorios, no como estudiante. Publicaba periódicamente sus importantes hallazgos en revistas científicas, aunque no intentaba venderlos para ganar dinero con ellos, y rehusó remuneraciones y préstamos para la investigación. A pesar de sus éxitos científicos, sus superiores en la universidad no le eligieron para un puesto más importante porque, a su parecer, no reunía los requisitos adecuados, como un título científico.

En 1895, Pierre Curie obtuvo, no obstante, un premio de doctor en ciencias por su trabajo anterior sobre el magnetismo. Marie fue a trabajar junto a él en la *Ecole* después de casarse. Estudió las **propiedades** magnéticas de diversas **aleaciones** (combinaciones de metales), y escribió la primera de sus numerosas publicaciones científicas.

Los rayos y la radiación

Entretanto, en noviembre de 1895, Wilhelm Röntgen, un físico alemán, descubrió, durante uno de sus experimentos, unos "rayos **penetrantes**" invisibles que procedían de un tubo eléctrico. Los llamó rayos X, pues no sabía lo que eran. Podían atravesar la carne y otras sustancias, aunque no podían penetrar materiales duros y densos como el hueso y los metales espesos.

Los rayos X y sus efectos se hicieron mundialmente famosos en cuestión de meses. Marie y Pierre Curie siguieron con interés los nuevos descubrimientos sobre "extrañas **emisiones**", mientras estudiaban y preparaban las clases en su modesto apartamento de la *Rue de la Glaciere*

En 1896, el físico francés Henri Becquerel descubrió otros tipos de rayos penetrantes. A diferencia de los de Röntgen, que eran producidos por un efecto eléctrico, estos otros rayos parecían proceder de manera natural de un trozo de **uranio.** Becquerel había dejado el uranio, durante varios días, en un cajón y dentro de un paquete sellado de papel fotográfico, que se veló. Marie, que buscaba un nuevo tema para estudiar, a fin de obtener su premio de doctora en ciencias, eligió los misteriosos rayos detectados por Becquerel.

Los rayos X originaron un gran interés e incluso diversión cuando el público conoció su capacidad para "ver a través" de los cuerpos. Esta caricatura se publicó en 1900, cinco años después de su descubrimiento.

Un nuevo tipo de rayo

Wilhelm Röntgen (arriba) descubrió los rayos X siendo profesor de física en la Universidad de Würzburg, Alemania. Apenas contó a nadie su descubrimiento, durante dos meses, hasta hallarle un sentido. Una de las primeras imágenes de rayos X (debajo) la tomó de la mano y el anillo de su mujer. Röntgen recibió, en 1901, el primer Premio Nobel de Física que se concedió en la historia.

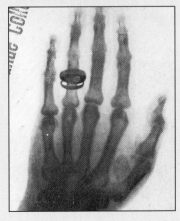

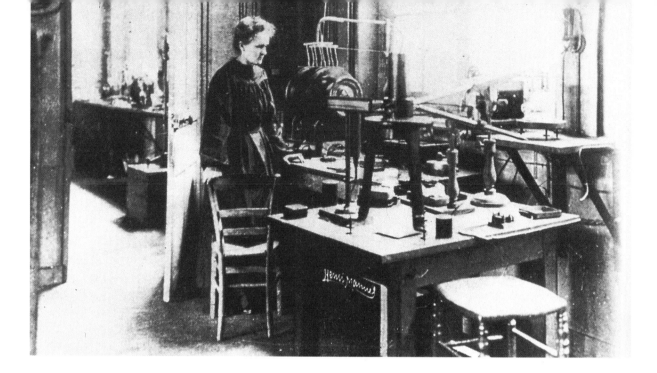

Marie trabajó infatigablemente en su laboratorio, un almacén detrás de la facultad de Física en la Universidad de París.

El electrómetro de Curie

Pierre y Jacques Curie inventaron su electrómetro para averiguar si una determinada sustancia despedía o no radiaciones. Cuando una sustancia despide emisiones radiactivas, el aire en torno a ella está cargado de electricidad, la cual mide el electrómetro.

Capítulo Tres
Descubrimiento del radio

Se ofreció a Marie, como laboratorio, una pequeña sala, húmeda y sin calefacción, en la Escuela de Física. No tenía dinero para su investigación, así que trabajó con equipo y materiales que le dieron sus colegas.

Sirviéndose del **electrómetro** inventado por Pierre y su hermano Jacques, empezó a buscar otros elementos que despidieran emisiones, al igual que el uranio. Descubrió que un elemento llamado torio era una de ellas. También halló que, independientemente de cómo se tratara al uranio y a otras sustancias que lo contuvieran, siempre despedían la misma cantidad de emisiones.

Marie razonó que las emisiones no podían tener su origen en reacciones químicas, pues, de ser así, se transformarían al añadir o separar el uranio de los otros elementos químicos. ¿Podrían proceder de las más pequeñas partículas o átomos del propio uranio? Esta idea contradecía todas las teorías científicas de la época, pero resultó ser cierta. Marie y Pierre se interesaron también por los efectos luminosos de las recién descubiertas emisiones, ya que éstas hacían que ciertas sustancias resplandecieran.

Demasiadas emisiones

La principal fuente de uranio para Marie era la pecblenda, un mineral (mezcla natural y sin purificar de rocas y otras sustancias que se extraen de la tierra). El mineral llamado **calcolita** contenía también uranio. En 1898, sus experimentos y cálculos demostraron que la pecblenda y la calcolita despedían más emisiones de las que cabía esperar por la cantidad de uranio contenida en ellas. Debía haber otra sustancia en la mezcla mineral que despedía emisiones adicionales.

Hallazgo de la sustancia misteriosa

Marie inició los procedimientos químicos para descubrir la sustancia misteriosa. Fue un duro trabajo físico. Molía el mineral, lo cribaba, lo disolvía hirviéndolo, lo filtraba, lo **destilaba** y hacía pasar electricidad a través de él. Junto a sus colegas, comprobaba el contenido y la pureza en cada etapa del proceso.

Al final de cada etapa, Marie tomaba la parte que despedía más emisiones y la depuraba aún más. Por fin consiguió una versión pura de la nueva sustancia, que era un metal: un nuevo **elemento** químico. Con gran emoción, lo llamó polonio, en honor a su tierra natal, Polonia. En el informe científico de su trabajo inventó la palabra *radiactivo* para describir elementos como el uranio y el polonio, que emitían los penetrantes rayos de la radiación.

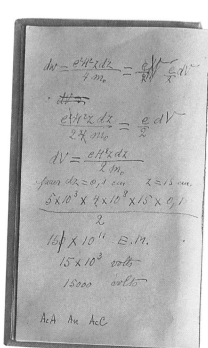

*Una página de los cuadernos de notas de laboratorio de Marie, que contiene **ecuaciones** matemáticas acerca de emisiones de energía.*

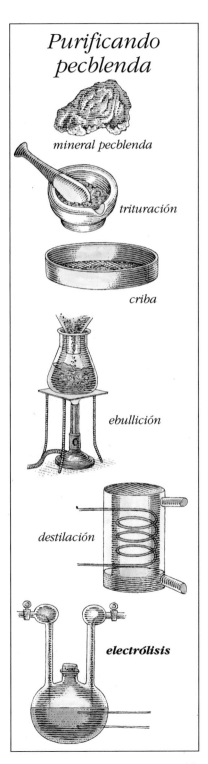

Purificando pecblenda

mineral pecblenda

trituración

criba

ebullición

destilación

electrólisis

Un resplandor en la oscuridad

El polonio fue el primer elemento altamente radiactivo que se obtuvo en forma pura. Emitía tanta radiación, que hacía que el aire en torno a él resplandeciera, y el polonio se calentaba.

Pero Marie había demostrado que el polonio, aunque poderoso, no era responsable del resto de la radiactividad de la pecblenda. Prosiguió su trabajo y depuró en parte una sustancia que creyó que contenía otro nuevo elemento. Lo llamó radio, del latín *radius*, que quiere decir "rayo". Sin embargo, había tan escasa dosis de este elemento en la pecblenda, que se necesitarían enormes cantidades de mineral para preparar una mínima muestra pura de radio.

Algunas de las sustancias radiactivas depuradas por los Curie emitían un misterioso resplandor. Debido al efecto de la radiactividad en el aire del entorno. Pierre llevaba en un bolsillo un pequeño tarro de cristal con aquella sustancia, que sacaba en reuniones como "truco para fiestas". Sus invitados se asombraban de aquella mágica luz.

La carrera en pos del radio

A partir de 1899, Marie inició la enorme tarea de obtener alguna forma de radio puro, para probar su existencia. Pierre todavía daba clases y trabajaba en su propia investigación, pero se fue interesando cada vez más por la radiactividad. Su principal tarea consistía en analizar las muestras de Marie en cada etapa del proceso.

Al laboratorio de París llegaron toneladas de desechos minerales procedentes de Bohemia (hoy parte de Checoslovaquia) y del Congo Belga (hoy Zaire), en Africa. Marie realizaba el proceso de la separación química con grandes cantidades de ellos. Las etapas finales eran difíciles y siguieron saliendo mal. En aquella época no se conocían bien los riesgos de trabajar con materiales radiactivos. Durante la mayor parte de su vida adulta, Marie tuvo mala salud. Tuvo los síntomas de la tuberculosis después del nacimiento de su hija Irène, y pronto se sintió enferma, fatigada y con dolores, debido al envenenamiento radiactivo. Las manos se le anquilosaban, se cuarteaban y se cubrían de úlceras al mezclar y hervir los materiales radiactivos. Incluso años después, sus cuadernos de notas y su asiento del laboratorio siguen siendo altamente radiactivos.

Es admirable que Marie pudiera llevar a cabo un trabajo físico tan duro, aun a pesar de sus largas vacaciones de ciclismo por el campo. Es también admirable que viviera tanto. Muchos de sus colegas murieron mucho más jóvenes.

¡Peligro, radiactivo!

Hoy somos conscientes de los riesgos de la radiactividad (arriba figura el símbolo internacional de peligro). En la época de Marie Curie, esos riesgos estaban empezando a descubrirse. El matrimonio Curie se negaba a creer en sus peligros. Marie los aceptó únicamente hacia el final de su vida. Hoy, el personal lleva trajes protectores (véase abajo) cuando trabaja con materiales radiactivos.

La familia Curie en uno de sus escasos momentos de ocio. Tanto Marie como Pierre parecían a menudo fatigados y enfermos, debido a los largos períodos de trabajo y de exposición a la radiactividad.

15

Capítulo Cuatro
Primera mujer de la ciencia

Al final de su vida, Marie Curie describió los duros años dedicados a purificar el radio como la mejor época de su vida. Atendía a su familia y a la casa, aunque la investigación requería la mayor parte de su tiempo. Entre sus ayudantes estaban André Debierne (uno de los alumnos de Pierre) y Gustave Bémont. Era una trabajadora infatigable y exigía una gran limpieza a sus asistentes del laboratorio— el "almacén" que había detrás de la Escuela de Física.

Mientras investigaba sobre el radio, Marie llevaba a cabo otros experimentos. En 1899 investigó, junto a Henri Becquerel y otro científico, Fritz Giesel, las propiedades de las propias radiaciones. Pierre se interesó más por este aspecto de la investigación.

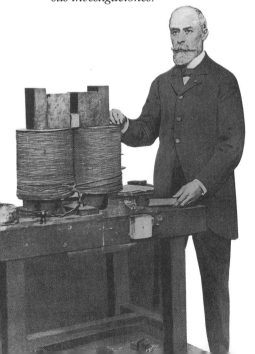

Marie trabajaba infatigablemente en su laboratorio y taller de la calle Lhomond, que figura a la derecha. Con frecuencia se cansaba, se sentía enferma y padecía dolores en las articulaciones y los músculos. Tenía ampollas en las manos, debido a quemaduras producidas por la radiación de las sustancias con las que trabajaba. Al principio, ella y Pierre creían que aquellos problemas se debían a las largas horas que dedicaban a sus investigaciones.

◀ *El físico francés Henri Becquerel, que aparece aquí junto a un enorme* **electroimán**, *trabajó estrechamente con los Curie. En 1896 descubrió las emisiones radiactivas del uranio y, junto a ellos, demostró que los rayos o las partículas beta (ver página 21) emitidos por el radio eran, en realidad, corrientes de electrones que se movían a gran velocidad. El trabajo de Becquerel llevó también a la invención de la luz fluorescente, y hay un patrón en física radiactiva que lleva su nombre.*

Los Curie en el jardín de su casa del Bulevar Kellerman, en París. Les gustaba plantar flores en él y observar a los pájaros. En esa época, Marie y Pierre eran ya científicos famosos, según muestra la portada de la revista ilustrada que figura debajo, de 1904. Un artículo de la revista describe el descubrimiento del radio.

La décima parte de un gramo

Al año siguiente, los Curie se trasladaron al Bulevar Kellerman en París. Eugene, el padre de Pierre, se fue a vivir con ellos para ocuparse de Irène. Pierre abandonó su investigación sobre los cristales y empezó a estudiar las propiedades de las emisiones radiactivas.

Para contribuir a los ingresos familiares y aportar dinero a la investigación, Marie y Pierre aceptaron otros trabajos adicionales. Ella se convirtió en profesora de física en la academia femenina de Sèvres. El aceptó el puesto adicional de Profesor Asistente en el Politécnico. A pesar de la creciente reputación de los Curie en el mundo científico, y de sus muchos logros, la Universidad de París fue muy remisa a reconocer su obra, y no les proporcionaba todavía fondos para su investigación.

A principios de la década de 1990, los Curie enviaron muestras de sus sustancias radiactivas purificadas a laboratorios de otros países. Como resultado de ello, la investigación sobre la radiactividad conoció un gran avance, y muchos otros científicos se ocuparon en ella.

Por fin, en 1902 consiguió Marie una forma pura de sal de radio. Había tan sólo 0,1 gramo: una ínfima mota. (Siete toneladas de pecblenda producen 1 gramo de radio.) Era, no obstante, el suficiente radio para estudiar algunas de sus propiedades físicas y químicas. Anunció los resultados de su trabajo a otros colegas científicos, y fue la cima de su carrera de investigación.

El "Hada Luminosa"

En 1904, una bailarina americana que vivía en París, Loie Fuller, utilizó bombillas eléctricas para que su vestido resplandeciera. Escribió a Marie pidiéndole un poco de radio para conseguir el mismo efecto. Marie rehusó, pero la idea le fascinó. El "hada luminosa", Loie, acudió a bailar en privado para los Curie en su salón, después de que su equipo de electricistas preparara el vestido. La niña, Eva, quedó encantada, y Marie y Loie se hicieron amigas.

Premios y galardones

Al año siguiente convencieron a Pierre de que presentara su nombre a las elecciones de la Academia de Ciencias francesa. Los franceses no reconocían aún la importancia del trabajo de los Curie, aunque su fama crecía en el extranjero.

Pierre fue invitado a hablar en el Instituto Real de Londres, donde se trató a ambos como huéspedes de honor. Durante su estancia en Gran Bretaña, Marie se hizo amiga de Hertha Ayrton, la esposa polaca de un profesor inglés. También conoció a otro científico mundialmente famoso, Ernest Rutherford, director del equipo que más tarde conseguiría dividir el átomo. La Sociedad Real de Londres concedió al matrimonio la **medalla Davy**. Al regresar a París, Marie obtuvo por fin el premio de doctora en ciencias.

Hubo, sin embargo, decepciones. Marie quedó embarazada por segunda vez, pero el niño murió poco después de nacer. No se sabía entonces que la radiactividad pudiera perjudicar al feto: hoy día, uno de sus peores riesgos. Pierre presentó la solicitud para convertirse en profesor de **mineralogía** en la Sorbona, pero, una vez más, fracasó.

El Premio Nobel

Ese mismo año se concedió a Marie y Pierre Curie, junto a Henri Becquerel, el tercer Premio Nobel de Física desde su fundación, por su trabajo sobre la radiactividad. Por desgracia, aunque cabía esperarlo, ninguno de los Curie se sentía lo bastante bien como para asistir a la ceremonia en Suecia.

Sus sentimientos acerca del premio fueron contradictorios. Marie estaba orgullosa de su trabajo y de ser la primera mujer que lograba fama mundial como científico. Como mujer, siempre había creído en la igualdad con los hombres, aunque no se adhería a las feministas y **sufragistas** que luchaban en aquella época por los derechos de la mujer. El dinero obtenido con el Premio Nobel ayudó a financiar sus investigaciones, que habían pagado hasta entonces de su propio bolsillo. Pero la fama interfería en su amado trabajo.

La primera fábrica de radio se construyó en Noget-sur-Marne, en Francia. El radio puro es un metal de aspecto blanco brillante. Aclamado al principio como una sustancia milagrosa, sus peligros se fueron reconociendo gradualmente, al enfermar y morir las personas que trabajaban con él o lo utilizaban.

Ernest Rutherford, nacido en Nueva Zelanda, destacó como científico en Inglaterra durante el siglo XX. Dirigió los equipos que lanzaron la teoría de la estructura del átomo en 1911, y que lograron dividir éste en 1919. Su trabajo se basó en las investigaciones de los Curie.

Exito y tragedia

En 1904 nació otra hija de los Curie, Eva, y Pierre se convirtió por fin en profesor de la Sorbona. Tuvo entonces un laboratorio mejor, y Marie se convirtió en su asistente jefe a sueldo. El año siguiente fue elegido para la Academia de Ciencias.

El gran descubrimiento de Marie, el radio, se estaba haciendo también famoso. Una de sus propiedades consistía en que resplandecía en la oscuridad. También se utilizaba para curar ciertas enfermedades.

Al hacerse patentes las posibles aplicaciones del radio, su valor se disparó. Los fabricantes escribían a los Curie, ofreciéndoles enormes sumas de dinero a cambio del radio o de la fórmula para obtenerlo. Pero los Curie se negaron a hacer dinero de aquel modo, aunque tuvieran que solicitar donaciones para fundar su propio Instituto del Radio. No obstante, surgieron fabricantes de radio, clínicas y fábricas en el mundo entero.

El 19 de abril de 1906, la tragedia sacudió a los Curie. Pierre paseaba por una calle de París cuando cruzó la calzada frente a un gran coche de caballos. Cayó bajo las ruedas y murió.

Capítulo Cinco
Un nuevo hallazgo

Marie quedó desolada por la muerte de Pierre. Le escribió cartas de amor mientras el cadáver yacía expuesto en la casa antes del entierro. A fin de evadirse, un mes después volvió al trabajo. Aceptó la oferta de ocupar el puesto de Pierre, convirtiéndose así en la primera mujer que dio clases en la Sorbona. En 1908 se convirtió en la primera profesora femenina de la universidad.

Marie había encontrado una casa para sus hijas y su suegro en el pueblo natal de Pierre, Sceaux, cerca de París. Contrató a una prima suya polaca como institutriz, y ella misma dio clase a sus hijas durante algún tiempo. La tímida Irène se dedicó, como su madre, a las matemáticas y la ciencia. Eva, más segura de sí misma, estaba dotada para la pintura, la música y las artes creativas.

Marie con sus hijas Irène (a la derecha) y Eva. Las niñas tenían una hora diaria de clase con su madre, que incluía música, cocina, ciencia o matemáticas. Más tarde asistieron a una escuela privada junto a otros hijos de profesores, donde los padres se turnaban para dar las clases.

Segundo Premio Nobel

Mientras trabajaba tan infatigablemente como siempre, Marie advirtió que Lord Kelvin, un físico escocés, había sugerido que el radio no era un elemento, ya que se había descubierto que emitía gas helio, que es en sí mismo un elemento. Con su colega André Debierne, Marie continuó produciendo polonio y radio aún más puros. En 1910 había logrado elaborar radio puro, y demostró que era un metal blanco brillante. Descubrió incluso su punto de fusión: 700° centígrados.

Cada vez se dedicaban más y más científicos a la investigación radiactiva y atómica. Aquel mismo año, Marie publicó su obra de 971 páginas, *Traité de Radio-activité* (Tratado sobre la radiactividad). En 1911 recibió otro gran honor: el Premio Nobel de Química, que se le otorgó a ella sola por haber conseguido el radio puro.

La Curie

Marie Curie propuso una unidad de radiactividad para las emisiones de un gramo de uranio. Hoy día se utiliza el mismo patrón internacional: la curie. ¡Una curie es la cantidad de sustancia radiactiva en la que 37.000 millones de átomos cambian o se transmutan al segundo!

Los átomos y la radiactividad

Un átomo es como nuestro sistema solar, en el que los planetas giran en torno al Sol, ¡aunque mucho más pequeño! El mayor átomo es demasiado pequeño incluso para verlo con el más potente microscopio.

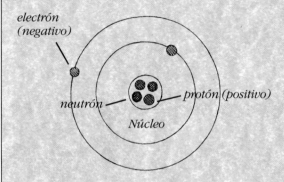

electrón (negativo)

neutrón

protón (positivo)

Núcleo

• La parte central del átomo (el "Sol") es el núcleo. Contiene dos clases de partículas: los protones, que son positivos, y los neutrones, que son neutros, ni positivos ni negativos.

• Las partículas que giran en torno al núcleo (los "planetas") son electrones, y son negativos. Normalmente, hay un mismo número de electrones que de protones, así que negativos y positivos están en equilibrio.

• Cada elemento químico, como el oxígeno, el carbono o el radio, contiene un cierto número de protones, neutrones y electrones.

La radiactividad es la emisión natural, o la difusión, de energía por parte de ciertos átomos. Sucede cuando el número de protones y de neutrones del átomo no guarda equilibrio entre sí. Al emitirse radiactividad, la sustancia se transforma en otra distinta. Existen tres tipos principales de radiactividad:

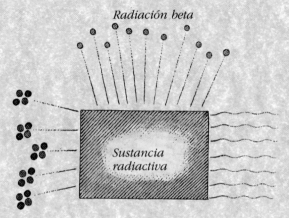

Radiación beta

Sustancia radiactiva

Radiación alfa

Radiación gamma

• Partículas alfa. Cada una de ellas está formada por dos protones y dos neutrones.

• Partículas beta, que son muy parecidas a los electrones. Son 7.000 veces menores que las partículas alfa, y pueden penetrar los cuerpos mucho mejor.

• Rayos gamma, que no son partículas, sino ondas, como la luz. Son tan pequeños, que pueden atravesar un cuerpo sin tocar a ninguno de sus átomos.

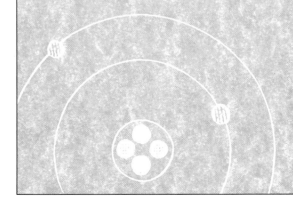

Sufragistas

A finales del siglo XIX y principios del XX se conoció el crecimiento del movimiento sufragista en Europa. Muchas mujeres (y hombres) hacían campañas a favor del derecho de voto de la mujer, ya que, en muchos países, sólo podían votar los hombres. Marie Curie no se implicó activamente, aunque sus logros y premios sirvieron de estímulo. La fotografía muestra a una de las más famosas sufragistas, Emily Pankhurst, al ser arrestada en Londres en 1914.

Época conflictiva

En 1911 no consiguió Marie salir elegida para la Academia de Ciencias francesa. Mucha gente opinó que se debió, simplemente, a que era una mujer, aunque su trabajo científico fuera de una calidad extraordinaria. Los periódicos divulgaban su vida personal, y hubo un gran interés por su amistad con un colega físico, Paul Langevin, quien había abandonado a su mujer. Muy enfadada, Marie cayó enferma. Tras someterse a tratamiento, pasó una temporada con su amiga Hertha Ayrton en Inglaterra.

Al regresar a su trabajo en París, en 1912, el Instituto Pasteur le ofreció un laboratorio construido a propósito. La mitad del edificio estaba destinada al estudio de la radiación, y la otra mitad, a las aplicaciones médicas de la radiactividad. En muchas partes se estaban fundando clínicas de radio. Algunos defendían con entusiasmo todo lo que podía tratarse y curarse mediante el mágico radio. También se fundaban institutos radiológicos para investigar las aplicaciones médicas, y otras, del precioso metal radiactivo.

En 1914, el Instituto del Radio de la Universidad de París dejó de funcionar. Ese mismo año se inició la Primera Guerra Mundial.

Capítulo Seis
Guerra y posguerra

Marie Curie se dedicó a paliar los efectos de la guerra. Obtuvo fondos y organizó un equipo de rayos X para ayudar a los hospitales a localizar las balas y la **metralla** en el cuerpo de los soldados heridos. En su tiempo libre estudió anatomía (la estructura del cuerpo), y enseñó a su hija Irène a ayudar. Organizó un curso para entrenar al personal a usar equipos de radiografía (rayos X).

Al concluir la guerra en 1918, Marie se convirtió en directora del Instituto Radiológico de París. Irène trabajaba con ella estudiando las partículas alfa (ver página 21) que emite el polonio. El Instituto se convirtió en un centro mundial de la física y la química de la radiación. Bajo la dirección de Marie, los investigadores estudiaban la química de las sustancias radiactivas y sus aplicaciones médicas.

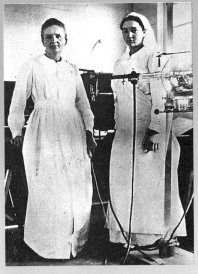

Marie y su hija Irène vestidas con uniforme de enfermeras, dispuestas a ayudar a los heridos de la Primera Guerra Mundial, para lo cual pidieron fondos a la gente rica de París para paliar los efectos de la guerra.

Las furgonetas del dibujo, llamadas "Pequeños Curies", eran vehículos utilizados durante la Primera Guerra Mundial y provistos de equipos de rayos X. Servían para reconocer a los soldados heridos, cerca del frente, en busca de roturas óseas y de balas incrustadas.

Marie cogida del brazo del Presidente de los EEUU, Harding, durante su viaje de 1921. En el extremo izquierdo está Marie Meloney, su amiga periodista, quien organizó y dio publicidad a aquel viaje y a muchos otros. Sin embargo, Marie se cansaba y enfermaba a menudo, y tenía que interrumpir inesperadamente los viajes. En la fotografía de abajo se la ve al regresar de América a Europa.

Viajes para obtener fondos

En 1920, Marie Curie, que tenía 52 años, se hizo amiga de otra Marie: Marie Meloney, una periodista americana. Esta le ayudó a mejorar su imagen pública, e ideó hacer un viaje de conferencias por los Estados Unidos para obtener fondos para el Instituto Radiológico.

A pesar de que el oído y la vista de Marie Curie empezaban a fallar, realizó parte del viaje antes de que la enfermedad le obligara a regresar a Francia. La población y las industrias americanas le entregaron dinero, muestras de sustancias radiactivas y equipos. Muchas universidades le concedieron títulos honoríficos, y la organización Mujeres de América le regaló un gramo de radio, que valía cien mil dólares, en reconocimiento de su trabajo y sus logros como mujer científica. El radio se lo entregó en persona el Presidente norteamericano, Warren Harding.

En 1922 fue al fin elegida miembro de la Academia de Medicina francesa.

El peligro invisible

Durante la década de 1920 fueron haciéndose más evidentes los efectos perjudiciales de la radiactividad sobre el cuerpo humano, y sobre todo ser vivo. Numerosos preparados "milagrosos" que contenían radio, como cremas y tónicos faciales, causaron más daño que beneficio. Los científicos que habían trabajado con los Curie en sus primeros años estaban enfermos y moribundos. Gradualmente, se reconocieron los riesgos de la radiactividad —quemaduras, mareos, úlceras, dolores, cánceres y otras muchas dolencias— y se tomaron las debidas precauciones.

Los ultimos años

Marie continuó supervisando el trabajo en sus propios laboratorios de París. También viajaba para obtener fondos para las investigaciones de científicos jóvenes. Fue a Bélgica, Brasil, España y Checoslovaquia. En una visita a EE.UU. en 1928, el fabricante de motores Henry Ford le regaló un coche, y conoció al Presidente Herbert Hoover en la Casa Blanca. Envió parte de su dinero al nuevo Instituto del Radio en su ciudad natal, Varsovia.

Marie fue operada de cataratas, una especie de niebla en los ojos. Su hija Eva cuidó de ella. Después de padecer otras enfermedades, murió el 4 de julio de 1934 en Sancellemoz, Suiza. Pionera de la investigación sobre la radiactividad, y habiendo sido la primera mujer científica famosa, había padecido los efectos de la radiación durante más de la mitad de su vida.

El caso de las Pintoras de Esferas

Durante 1927-28 hubo un famoso proceso en EE.UU. Cinco mujeres, cuyo trabajo era en pintar esferas de relojes con pintura que contenía radio, estaban muriendo. Creían que era debida a la exposición a la pintura radiactiva, así que demandaron a la empresa, la *US Radium Corporation*, solicitando dinero para pagar el tratamiento médico. El caso ocupó la primera plana de los periódicos del mundo. La propia Marie Curie escribió para sugerir que comieran hígado de ternera crudo. La empresa afirmó que la pintura no era la causante de la enfermedad, aunque dio a las mujeres dinero y pensiones.

Marie y Pierre son con frecuencia motivo de sellos de correos que conmemoran sus descubrimientos y sus vidas. El dibujo estrellado en el extremo derecho es el diagrama de un átomo.

Terrible consecuencia de una experimentación científica: la segunda bomba atómica explota sobre la ciudad japonesa de Nagasaki en 1945. La radiactividad se propagó sobre una enorme extensión. La Segunda Guerra Mundial finalizó pocos días después.

Capítulo Siete

Marie Curie en perspectiva

El descubrimiento de Marie, el radio, se utiliza hoy escasamente, incluso en la investigación científica. No obstante, su trabajo sobre su purificación y sobre la naturaleza de sus radiaciones ayudó enormemente a la comprensión de la radiactividad en general y de la naturaleza del átomo.

Las bombas atómicas

La obra de Marie Curie, Ernest Rutherford, Albert Einstein, Otto Hahn y muchos otros científicos condujo a la comprensión de la naturaleza de los átomos, y de cómo dividirlos o reunirlos para liberar energía. En la fisión nuclear, los núcleos (partes centrales) de los átomos se separan. En la fusión nuclear, los núcleos se funden o se unen. Bajo condiciones adecuadas, se liberan increíbles cantidades de calor, luz y otras formas de energía.

En 1945, a finales de la Segunda Guerra Mundial, se arrojaron sobre Japón dos bombas atómicas de una potencia devastadora. Esas bombas funcionaban por fisión nuclear. Hoy, países como los Estados Unidos y Rusia tienen suficiente número de las aún más potentes bombas de hidrógeno como para destruir el mundo multitud de veces.

El trabajo de Irène y Frédéric

La hija de Marie, Irène, y su marido, el físico Frédéric Joliot. Se conocieron cuando Frédéric estaba empleado como asistente en el laboratorio de Marie.

La familia Curie prosiguió la investigación. En 1925, la hija de Marie, Irène, mereció el premio de doctora en Ciencias por su experimentación con los rayos alfa que emite el polonio. Marie no asistió a la ceremonia, para que Irène recibiera toda la atención. Un año después, Irène se casó con el físico francés Frédéric Joliot, asistente de laboratorio de Marie. Su trabajo en el *Institut de Radium* (Instituto del Radio), en París, condujo al descubrimiento de la radiactividad artificial en 1934. (Se produce ésta cuando se bombardea con radiaciones una sustancia no radiactiva, que se vuelve entonces radiactiva.) Bombardearon aluminio con rayos alfa procedentes del plutonio, y consiguieron un tipo de fósforo. En 1935, Frédéric e Irène Joliot-Curie recibieron el Premio Nobel de Química.

El trabajo de los Joliot-Curie había contribuido también al descubrimiento, del físico inglés James Chadwick en 1932, de las partículas atómicas llamadas neutrones.

La energía nuclear

En 1942, basándose en el trabajo de los Curie y de otros muchos científicos, el físico Enrico Fermi construyó en la Universidad de Chicago, USA, el primer reactor nuclear experimental. De ello se derivó la primera central de energía atómica o nuclear. Se utiliza en éstas el uranio como combustible para producir enormes cantidades de calor, que se convierte en electricidad. Al dividirse un núcleo de uranio y emitir energía, sus partes fragmentan otros núcleos de uranio, en una creciente reacción en cadena. Un trozo de uranio libera dos millones de veces más de calor que un trozo de carbón del mismo tamaño.

El proceso debe ser cuidadosamente vigilado en una central de energía, para que ésta se libere a un ritmo regular. Esto es difícil de conseguir, y produce, además, diversos tipos de desechos radiactivos. La radiactividad perdura millares de años, y nadie sabe realmente que hacer con los desechos o cómo hacerlos inocuos.

La terrible explosión en la central nuclear de Chernobil, Rusia, en 1986, demostró que la radiactividad sigue siendo una de las mayores amenazas para el mundo. Sin embargo, gracias al trabajo de Marie Curie y de otros, entendemos mejor los procesos atómicos y los peligros que los acompañan.

Enrico Fermi recibió el Premio Nobel de Física en 1938 por su trabajo sobre el modo en que cambian las sustancias al ser bombardeadas con partículas atómicas.

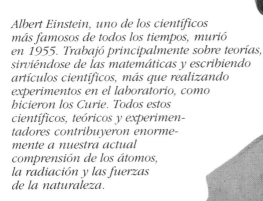

Albert Einstein, uno de los científicos más famosos de todos los tiempos, murió en 1955. Trabajó principalmente sobre teorías, sirviéndose de las matemáticas y escribiendo artículos científicos, más que realizando experimentos en el laboratorio, como hicieron los Curie. Todos estos científicos, teóricos y experimentadores contribuyeron enormemente a nuestra actual comprensión de los átomos, la radiación y las fuerzas de la naturaleza.

El mundo en la época de Marie Curie

	1850-1875	**1876-1900**
Ciencia	**1859** Nace Pierre Curie **1867** Nace Marie Curie con el nombre de Maria Sklodowska **1874** George Stoney introduce el término "electrón" para una partícula aún desconocida que sospecha que existe	**1886** El Químico Alfred Nobel (fundador de los Premios Nobel) descubre un tipo de explosivo sin humo **1893** William Ramsay descubre un nuevo elemento químico, el gas raro llamado argón
Exploración	**1856** Richard Burton y John Speke parten de Inglaterra para ir en busca de las fuentes del Nilo **1869** Se inaugura el canal de Suez, que conecta el Mediterráneo con el Mar Rojo y el Océano Indico	**1881** Se inician las excavaciones del canal de Panamá en Centroamérica **1890** Se descubre en Egipto la tumba de Cleopatra **1893** Fridtjof Nansen zarpa desde Noruega hacia el Polo Norte
Política	**1853** Empieza la guerra de Crimea en la región del Mar Negro **1861** Muere Alberto, Príncipe Consorte y marido de la Reina Victoria de Inglaterra	**1878** El Tratado de Berlín otorga la independencia a Rumanía, Serbia y Montenegro **1894** Estalla la guerra entre Japón y China **1900** Levantamiento de los Boxers en China
Arte	**1862** Victor Hugo escribe *Los miserables* **1865** Lewis Carroll publica *Alicia en el país de las maravillas*	**1884** Leopoldo Alas, *Clarín*, publica *La Regenta* **1891** Arthur Conan Doyle publica las *Aventuras de Sherlock Holmes* **1893** Antonin Dvorák completa su sinfonía del *Nuevo Mundo*

1901-1925	1926-1950
1902 Rutherford y Soddy publican *Causa y naturaleza de la radiactividad*	**1930** Karl Landsteiner obtiene el Premio Nobel por su descubrimiento de los grupos sanguíneos humanos
1906 Muere Pierre Curie	**1934** Muere Marie Curie
1921 Frederic Banting y Charles Best trabajan para lograr un tratamiento contra la diabetes a base de insulina	**1935** Charles Richter inventa una escala graduada para medir los terremotos
1901 Se descubre en Africa el okapi, el último gran mamífero que conoció la ciencia	**1926** Richard Byrd sobrevuela por vez primera el Polo Norte en un aeroplano
1915 Se inaugura el canal de Panamá con una gran ceremonia (aunque los navíos llevaban un año utilizándolo)	**1933** El Canal del Mar Blanco, de 225 km de longitud, une los mares Blanco y Báltico
1911-12 Revolución china y nuevo régimen popular	**1926** Huelga general en Gran Bretaña
1914 Estalla la Primera Guerra Mundial	**1936** Empieza la Guerra Civil española
1918 Termina la Primera Guerra Mundial	**1939** Estalla la Segunda Guerra Mundial
1922 Benito Mussolini toma el poder en Italia	**1945** Dos bombas atómicas son lanzadas sobre Japón al final de la Segunda Guerra Mundial
1902 El gran cantante italiano Enrico Caruso realiza su primera "grabación gramofónica"	**1928** Walt Disney realiza su primera película de dibujos de Mickey Mouse
1909 Antonio Gaudí inicia en Barcelona la construcción de la fachada de *La Sagrada Familia*	**1935** George Gershwin completa su ópera *Porgy y Bess*
1915 Manuel de Falla estrena *El amor brujo,* música para ballet	**1937** Pablo Picasso pinta el *Guernica*

Glosario

aleación: sustancia obtenida mezclando dos o más metales puros. El latón es una aleación de cobre y cinc.

átomos: las partes más pequeñas de una sustancia, demasiado minúsculas como para poder verlas incluso con el más potente microscopio. Los átomos pueden dividirse en partículas aún más pequeñas, como los electrones y los neutrones, aunque éstas pierden entonces las características físicas y químicas de la sustancia original. (Ver también *elemento*).

calcolita: mineral, sustancia natural que se encuentra en las rocas, que contiene el metal cobre y emite radiactividad.

destilar: depurar a base de calentar un líquido para convertirlo en gas o vapor, enfriándolo luego para volver a licuarlo. Las temperaturas de calentamiento y enfriamiento se regulan para separar las impurezas.

ecuaciones: "sumas" matemáticas o químicas que contienen el signo de igualdad (=), en las que ambas partes se equilibran o son iguales.

electroimán: imán hecho a base de hacer pasar electricidad por un cable que rodea una barra de hierro. A diferencia de un imán común o permanente, el magnetismo del electroimán se activa y desactiva al conectar o desconectar la electricidad.

electrólisis: descomponer un líquido en partes más pequeñas contenidas en él haciendo pasar energía a través de él. Este proceso es un modo de depurar las sustancias.

electrómetro: dispositivo científico para medir cuánta electricidad puede pasar a través del aire o de otras sustancias.

elemento: sustancia simple o pura, como el hierro o el carbono. Todos los *átomos* (ver más arriba) de un elemento son iguales entre sí, y diferentes de los átomos de otros elementos.

emisiones: algo que deja escapar una sustancia o un proceso. El Sol emite calor y luz. Las sustancias radiactivas emiten radiación, como partículas y ondas invisibles.

evolución: transformaciones de animales y plantas en un largo período de tiempo, como la aparición de los dinosaurios hace unos 200 millones de años y su extinción hace 65 millones de años.

institutriz: mujer que cuida y enseña a los niños en su casa, en lugar de ir ellos a la escuela.

laboratorio: lugar donde se llevan a cabo investigaciones y experimentos científicos.

medalla Davy: medalla creada en honor del químico inglés Humphry Davy (1778-1829), que se otorga por logros en química y ciencias.

metralla: trozos de metal y de otras sustancias originados por una explosión, que salen volando y pueden herir.

mineralogía: estudio de los minerales, las sustancias naturales que componen las piedras, rocas y terrenos.

Nobel: nombre de los premios concedidos cada año por grandes logros en física, química, fisiología o medicina, economía, literatura y paz. Reciben su nombre de Alfred Nobel (1833-1896), químico y fabricante sueco. La fortuna reunida gracias a su invento, la dinamita, proporciona el dinero para los premios.

nuclear: que tiene que ver con el núcleo, que es la parte central de un *átomo* (ver más arriba).

penetrante: que se introduce o incluso pasa a través de una sustancia. La luz puede penetrar el agua y el cristal, aunque no la madera, los rayos X penetran la carne del cuerpo, atravesándola, pero no pueden penetrar los huesos.

positivistas: personas que consideran a la ciencia y los hechos científicos como la principal fuente de conocimiento. Las religiones, tradiciones, leyendas y mitos les parecen mucho menos importantes.

propiedades: en química y en física, son las características de una sustancia, como su color, brillo y dureza, y las temperaturas a que se funde o se convierte en gas.

sufragistas: nombre dado a las mujeres que hacían campaña a favor del voto femenino en una época en que algunos países sólo permitían votar a los hombres en las elecciones.

tuberculosis: enfermedad grave que afecta a los pulmones y a otras partes del cuerpo, produciendo una fuerte tos, fiebre, sudores, malestar general y, a veces, la muerte.

Universidad Flotante: grupo de personas que se reúnen para discutir y aprender sobre asuntos como la ciencia, la política o la economía. No son propiamente estudiantes de una verdadera universidad. Se reúnen de manera informal en diferentes lugares y momentos, según les convenga.

uranio: metal pesado, de color blanco plateado, que emite radiactividad. Es un ejemplo de *elemento* (ver más arriba).

Indice